AF305790

FEMMES CÉLEBRES

DE TOUTES LES NATIONS,
AVEC LEURS PORTRAITS:

Ouvrage présenté au ROI, à la REINE &
à la Famille Royale.

Non ! Promethée aux Cieux n'a pas ravi la flame,
Sans doute il la puisa dans les yeux d'une Femme.

Suïs

Ire LIVRAISON.

Prix 3 livres, & 4 liv. colorié pour MM. les Souscripteurs ;
(& 4 liv. & 5 liv. par Numéro sans souscrire.)

A PARIS,

Chez { M. TERNISIEN D'HAUDRICOURT, Auteur de cet
Ouvrage, rue Saint-Honoré, vis-à-vis celle de Grenelle.
Et GATTEY, Libraire, au Palais-Royal, N°. 14.

M. DCC. LXXXVIII.

Avec Approbation & Privilége du Roi.

GALERIE
UNIVERSELLE.

L A Ï S.

La célèbre Laïs n'avoit que sept ans, lorsque Ni-
cias, Général des Athéniens, passa en Sicile pour une
expéd ition qui ne lui fut pas favorable : il prit néanmoins & pilla Hicara, où Laïs avoit vu le jour. Elle
fut enveloppée dans la désolation de sa patrie, dont
la plupart des habitans devinrent esclaves ; sa beauté
& sa jeunesse désarmèrent sans doute ceux que la
fortune avoit rendu ses maîtres : voilà pourtant de
quoi Plutarque ne parle point, quoique d'ailleurs
il entre dans un détail assez particulier de sa vie.

A

Comme Alcibiade étoit à cette guerre de Sicile, & qu'il a eu une Maîtresse nommée Damasadra, ainsi que la mère de Laïs ; ceux qui cherchent des origines illustres aux personnes extraordinaires, ont voulu la croire fille de ce grand Capitaine. Les bons Chronologistes ne s'y méprennent toutefois pas, & son âge ne s'y peut rapporter. Sa naissance étoit simple ; mais sa beauté éclata de telle sorte lorsqu'elle fut en Grèce, que deux femmes se disputant l'avantage de l'avoir mis au monde, & n'ayant pas une bonne raison à donner, se livrèrent à la fin un combat où il y eut beaucoup de cheveux arrachés, & peut-être du sang répandu.

Plusieurs Villes même jalouses de la gloire d'Hicara, ne voulant pas lui céder l'honneur d'avoir vu naître Laïs dans son sein, se l'attribuèrent tour-à-tour, & eurent sur ce point de longs différens. Comment des louanges si peu suspectes ne l'auroient-elles pas énorgueillie, cette seule circonstance qui la met pour ainsi dire en paralelle avec Homère, rendra sa mémoire recommendable dans tous les siècles. Celui où elle vivoit, fécond en hommes illustres, rendit une entière justice à ses charmes. Les guerriers déposoient leurs trophées à ses pieds ; les

Poëtes ne travailloient plus que pour elle ; les Philofophes abjuroient leur févérité pour fe relâcher
dans les délices de fa converfation ; les Orateurs
oubliant le foin de la patrie, employoient toute
leur éloquence à vanter les merveilles de fa beauté ;
tout foupiroit pour elle : Plutarque dit avec des
expreffions fort vives, que la Grèce brûloit de fon
amour, & qu'elle avoit affez d'amans pour en com-
pofer une armée, quoiqu'elle en rebutât beaucoup.
Ce fut à Corinthe où elle choifit fa demeure, Ville
magnifique, voluptueufe, & très-propre au métier
de courtifane, que Laïs exerça avec tant de fplen-
deur, que jamais femme n'a porté fi haut la fomp-
tuofité des meubles, des habits & de toute forte de
dépenfe, qu'elle l'a porta dès les premières années
de fon règne. Cette expreffion n'eft point trop forte.
Elle parut comme un nouvel aftre qui venoit éclai-
rer la Grèce, elle difpofoit à fon gré des cœurs
& des volontés ; c'étoit la mode de l'aimer, & cette
mode n'étoit point un caprice.

Appelles, ce fameux Peintre, qu'Alexandre jugea
non-feulement feul digne de faire fon portrait, mais
qu'il honora même de fon amitié ; perfonne n'ignore
jufqu'où il la pouffa en lui cédant une Maîtreffe ;

Appelles, dis-je, eut les prémices des graces de Laïs ; elle étoit si jeune alors, que les amis de cet ingénieux Artiste, ne comprenant point qu'il pût avoir de l'amour pour un enfant, lui firent la guerre d'avoir choisi une telle Maîtresse. Il leur répondit par un trait de vivacité un peu trop libertin pour le mettre ici ; ce fut cependant une espèce de prophétie.

Demosthène, le sévère Demosthène, ce merveilleux Orateur qui cachoit tant d'art & d'esprit sous la hardiesse de ses figures & la pétulance de ses expressions, & qui passionné de la liberté, ne cessa jamais de déclamer contre Philippe & contre Alexandre, ne dédaigna point de faire un voyage à Corinthe pour obtenir des faveurs de Laïs. Il est vrai que le prix de quatre cents pistoles qu'elle exigeoit d'ordinaire, lui parut si excessif, qu'il dit en reprenant son chemin vers Athènes : « Aux Dieux ne plaise que j'achète si cher un repentir ». Ce grand homme s'étoit laissé aller au torrent ; la raison l'éclaira un peu tard ; & si on osoit faire un jugement, on pourroit croire que l'avarice eut autant de part qu'elle à son retour. Il n'étoit point exempt de foiblesse ; on sait que dans la déroute de la bataille de

Cheronnée, la peur lui troubla de telle forte le jugement, qu'il demanda la vie à un buiſſon qu'il prit pour une troupe d'ennemis.

Les Citoyens de Corinthe n'étoient pas taxés ſi haut : elle les regardoient comme des Sujets ſûrs, qu'il ne falloit pas épuiſer ; mais pour les étrangers, elle ne leur faiſoit point de quartier. Le tribut qu'elle en tiroit donna lieu à ce proverbe ſi commun : *Il n'eſt pas permis à tout le monde d'aller à Corinthe.* « Je ne les reverrai peut-être jamais, diſoit-elle, il faut en tirer parti tandis qu'on les tient. Ne deviennent-ils pas tous déſerteurs ? On ne leur peut faire trop rude guerre ».

Diogène le cinique, cenſeur redoutable de toutes les fautes d'autrui ; ce ſévère effronté qui cachoit tant d'orgueil ſous les lambeaux de ſes vêtemens, & qui avoit toutefois aſſez d'eſprit, malgré le dérangement de ſes actions, pour que Socrate ait dit de lui, que quand il entendoit ſes bons mots, il croyoit voir Platon yvre. Ce Diogène, dis-je, étoit amoureux de Laïs, & ce qui doit ſurprendre davantage, il en étoit reçu, & reçu gratuitement. Son horrible malpropreté ne la rebuta point ; elle avoit même une ſorte de goût pour lui. Il s'en falloit

bien qu'Ariſtipe , Philoſophe Platonicien , & Platonicien relâché ; homme propre, poli, parfumé, &
voluptueux , n'en fût traité ſi favorablement. Il dé-
penſoit beaucoup pour elle , & c'étoit avec peine
qu'elle le ſouffroit. Effet biſarre des caprices de
l'amour ! Si on peut appeller amour un commerce
comme celui-là.

Un valet de ce Philoſophe , de qui les longs ſervices autoriſant la liberté , lui repréſenta un jour le
mauvais emploi qu'il faiſoit de ſon argent , en le
prodiguant pour une femme ſervie par tant d'autres.
Je la paie , lui dit-il , pour qu'elle me favoriſe , &
non pas pour qu'elle n'en favoriſe point d'autres.
Un de ſes amis tâcha de le piquer ſur le peu de
reconnoiſſance que Laïs avoit pour lui. Je ne crois
pas , reprit-il en riant , que le vin que je bois , &
le poiſſon que je mange m'aiment beaucoup. Je
prend pourtant grand plaiſir à m'en nourrir. C'eſt
ainſi qu'il ſe préſentoit ſous le titre d'indifférent ,
ſans s'embarraſſer de paſſer pour licentieux ; c'étoit
néanmoins une affectation. Il dédia de fort beaux
Ouvrages à Laïs ; il faut quelque choſe de plus particulier que de la volupté, pour donner un tel ſpectacle au public.

C'étoit une chofe curieufe de voir les amans de Laïs fe promener la nuit autour de fa maifon ; les uns fe déguifoient, les autres tiroient gloire de leur foibleffe. Ariftipe étoit un de ceux qui y faifoient le moins de façons ; fa ronde nocturne étoit fréquente ; comme il étoit moins aimé que fes rivaux, il n'en avoit que trop fouvent le temps. Pour Diogène, il n'étoit pas accoutumé à fe contraindre quand le cœur lui en difoit, il fe tenoit fur les avenues : mais plutôt pour tirer quelque trait envenimé fur l'amoureufe cohorte, que pour s'informer des plus heureux. Ariftipe étoit le plus ordinaire but de fes railleries, il le trouvoit fouvent en fentinelle, toujours propre, toujours parfumé : le contrafte étoit parfait entre ces deux concurrens. Le cinique armé de fon audace naturelle, allant un foir felon fa coutume attaquer le Platonicien : Ou ceffe, lui dit-il, d'aimer une courtifane, ou deviens cinique comme moi. Eh quoi ! reprit Ariftipe, ne logerois-tu point dans une maifon où d'autres auroient habité ? N'entrerois-tu point dans un vaiffeau où d'autres auroient entré avant toi ? C'eft tout de même, mon pauvre Diogène. Tu parles comme je devois parler, interrompit-il : mais le délicat Ariftipe qui ne refpire que la politeffe, le luxe, & la volupté, peut-il s'accommoder d'un partage où il entre même pour une fi petite part ? Ariftipe fentit fi bien l'ironie de ces paroles, qu'il répondit avec aigreur : O Diogène ! je polsède Laïs : mais elle ne me pofsède pas. J'ai acheté le droit d'entrer chez elle ; je fuis le maître de ce commerce, je le quitterai quand je voudrai.

Ces deux Philofophes fi différens, non-feulement par leurs fectes, mais encore par l'ufage qu'ils en faifoient, & par leurs inclinations, avoient fouvent de petites difputes enfemble. Les ciniques n'eftimoient qu'eux ; tous les autres méprifoient les ciniques. Diogène s'étant fait une habitude de la nourriture groffière, mangeoit un jour des choux crus en préfence d'Ariftipe : Si tu favois manger des choux, dit-il à celui-ci, tu n'irois pas chercher la table des Rois. Cela eft fondé fur ce qu'il avoit fouvent mangé à celle de Denis, tyran de Syracufe. Si tu favois vivre avec des Rois, repartit vivement Ariftipe, tu ne mangerois pas des choux.

Tout ceci n'eft que pour réveiller les idées que l'on a de ces perfonnages fi renommés, & pour donner une image des différens caractères qui compo-

foient

foient la Cour de Laïs. Elle brilloit au milieu de tous fes adorateurs, autant par fon efprit que par fa beauté ; la nature lui avoit donné l'un & l'autre. Si l'envie de plaire avoit ajouté à fes charmes, toutes fes graces attrayantes, qui donnent un fouverain pouvoir fur les cœurs ; le defir de fe faire admirer d'une manière plus folide la fit profiter de la converfation de ce qu'il y avoit de plus favant & de plus fpirituel en Grèce, & les Gens de Lettres avoient auprès d'elle un accès plus facile que tous les autres, foit par inclination, foit en vue d'être immortalifés par leurs Ouvrages.

Cela n'empêchoit pas que fa maifon ne fût le rendez-vous des plus illuftres Capitaines de fon temps ; c'étoit même une raifon pour les y attirer. Prefque tous avoient beaucoup d'efprit, & les autres brûloient d'en avoir. Temps heureux ! où la converfation étoit un des plus grands plaifirs, & où, fans croire tout favoir, fans rien apprendre, on vouloit tout apprendre pour favoir quelque chofe !

Lorfque la compagnie étoit la plus nombreufe & la meilleure chez Laïs, Diogène y entroit infolemment avec ce manteau déchiré, ce bâton & le refte de cet équipage confacré aux ciniques. S'il étoit reçu de la troupe avec quelque dédain , ſes bons mots l'en dépiquoient ; ſi l'accueil lui en étoit favorable , ſon orgueil en augmentoit ; enfin toujours redoutable , il ſe faiſoit craindre & fort peu aimer. Laïs étoit d'ordinaire la ſeule qui prît ſon parti , il ne l'en ménageoit guère davantage ; il avoit plutôt des deſirs que de l'amour , & par tant peu de politeſſe.

Laïs de ſon côté tâchoit à amaſſer des tréſors , & n'avoit encore jamais eu de paſſion. Eubates , jeune homme de Cirène , de parfaite beauté , paſſa à Corinthe pour la voir comme une des merveilles du monde ; la première vue fut fatale à l'un & à l'autre. Laïs étoit dans un temple de Vénus à qui elle offroit un ſacrifice. On croyoit en Grèce , & ſur-tout à Corinthe , que cette Déeſſe étoit favorable aux vœux des Courtiſanes. On lui en conſacroit dans les calamités publiques ; Xénophon lui en dédia un certain nombre fixe , lors de l'irruption de Xerces, dont il ſe tira avec tant de bonheur & de gloire, & leur fit chanter le cantique qu'il avoit compoſé.

C'eſt en vain que ces peuples, quelquefois preſſés ſur les étranges attributs de leurs divinités , s'inſcrivoient en faux contre des accuſations ſi juſtes. Ces dévouemens de femmes abandonnées , qui paſſoient

pour un point de religion, prouvent démonſtrative-
ment que leurs fuites là-deſſus n'étoient que pour
éviter une honteuſe conviction des ténèbres dans
leſquelles ils vivoient, & dont le libertinage les
empêchoit de ſortir.

Il faut revenir à Eubates, qui, tout ébloui des
beautés de Laïs, & de la grace qu'elle avoit en
offrant ſon ſacrifice, n'eut rien de plus preſſé que
de lui aller apprendre ſes ſentimens. Le coup de
foudre ayant agi ſur elle comme ſur lui, elle ſentit
quelque choſe de ſi doux dans la naiſſance de cette
paſſion, qu'elle ne ceſſoit de remercier Vénus des
mouvemens qu'elle excitoit en elle ; juſques là, plutôt fatiguée que touchée des empreſſemens de ſes
adorateurs, elle n'avoit connu que le déſordre, la
coquetterie & l'intérêt. Eubates lui fit mépriſer tout
autre ſoin que celui de lui plaire : appliquée à s'en
faire aimer, elle ne reſpiroit plus que les tendres
délicateſſes de l'amour. La foule fut diſſipée, on ne
voyoit plus la belle Laïs aux ſpectacles ; les lieux ſo-
litaires où elle étoit ſeule avec ſon amant, devinrent alors ſes délices. Les jours leur ſembloient trop
courts. Que je vous ſuis obligée, diſoit elle à Eubates, de m'avoir appris à aimer ! Que je regrette le

temps que j'ai perdu ! Hélas ! fi je vous avois vu dans les premières années de ma vie, que j'aurois goûté d'innocens plaifirs, & que je me ferois épargné de remords ! Où vous feriez - vous cachée, reprit-il, ma chère Laïs, pour priver le monde de la vue de cette prodigieufe beauté, qui vous en fait idolâtrer ? Non, non, ajouta-t-il, je penfe autrement que vous. J'aime à voir qu'ayant reçu le culte univerfel, vous receviez celui que je vous rends avec une préférence qui comble tous mes defirs. On dira un jour : Laïs, la plus belle femme de la terre, fut aimée de tous les hommes. Eubates feul, entre les hommes, toucha fon inclination. Ah ! Laïs, continua-t-il, en lui embraffant les genoux, mon nom paffera à la poftérité avec plus de gloire que celui des plus fameux Héros. Je fuis trop heureux, ne me fouhaitez point une autre forte de bonheur.

Ces deux amans fe donnoient ainfi de mutuelles marques de leur attachement ; le défefpoir des autres adorateurs étoit un ragoût pour eux. Tout fut tenté pour avoir les entrées chez Laïs ; mais elle avoit des vues trop férieufes pour répondre à leurs empreffemens. Les femmes du même caractère profitèrent de fa confifcation ; encore trop heureufes de voir leurs

maiſons remplies des rebuts de leur dangereuſe rivale. Ariſtipe avoit beau jouer l'indifférent , on
voyoit un rire amer ſur ſon viſage qui peignoit les
ſentimens de ſon cœur. Diogène en étoit plus mor-
dant qu'à l'ordinaire , & ſe divertiſſoit ſouvent à
interrompre ſon rival & ſa Maîtreſſe dans les aſyles
qu'ils choiſiſſoient pour ſe voir à leur aiſe.

Un jour qu'il les avoit ſuivis de loin dans un jardin
à quelques ſtades de Corinthe , où il y avoit des
eaux & des bois , il ſe cacha derrière une touffe de
roſiers & de jaſmins , aſſez près d'une fontaine où ils
étoient aſſis. Eubates avoit réſolu de diſputer cette
même année le prix aux jeux Olympiques ; le temps
fatal approchoit où il falloit ſe ſéparer : Vous allez
combattre , lui dit Laïs , & vous allez vaincre, mon
cœur me le dit , & notre gloire le veut ; mais que
vais-je devenir ? L'abſence , la bruyante diſſipation
des ſpectacles , les objets que vous y pourrez voir ,
tout m'allarme , tout m'afflige ; ce n'eſt peut-être
qu'à votre éloignement que je donne des larmes ;
peut-être auſſi eſt-ce un preſſentiment de quelque
malheur. Que vous êtes injuſte contre vous & contre
moi , reprit Eubates ! Votre beauté & ma conſtance ,
doivent vous ſervir de garans que vous me trouverez

aussi amoureux à mon retour que je le suis en vous quittant. Ce n’est pas assez, repartit-elle; il me faut une assurance plus précise. Vous m’aimez, j’ai des richesses immenses, unissons-nous par des liens éternels, c’est maintenant le seul but où j’aspire. Que ferois-je de ces biens sans vous ? Assurons-nous, mon cher Eubates, une félicité que toute la terre envie & qu’on ne puisse troubler. Vivons heureux avec innocence. Allons chercher au bout du monde une retraite pour cacher ces traits infortunés qui .... A ces mots Laïs mit une de ses mains sur son visage pour cacher la rougeur que l’image de ses désordres lui causoit. Mais non, ajouta-t-elle, je ne puis leur vouloir de mal, à ces traits qui m’ont attiré vos regards & soumis votre cœur. Vous ne répondez rien ? continua-t-elle encore en voyant les yeux d’Eubates distraits, & un trouble extrême sur son visage. Est-ce la joie ? est-ce l’étonnement qui cause votre silence ? Expliquez-vous, Eubates, je ne puis rester davantage dans ce doute. C’est la joie imprévue, ma chère Laïs, reprit-il, en se remettant promptement. Qui ne seroit touché de vos bontés ? S’il est ainsi, repartit-elle, en tirant une boîte magnifique de sa poche ; voilà une image qui vous fera souvenir de moi; que ne peut-elle vous marquer mon ardeur à tous les momens du jour, & faire tous vos plai- firs en mon abfence, comme votre idée fera tous les miens, tandis que je ferai privée de vous voir!

Eubates demeura charmé de la beauté du portrait de Laïs. Il fit toutes les actions d'un homme tranf- porté de plaifir ; il le baifa, il lui parla, il répara bien enfin le petit inftant d'inquiétude qu'il avoit donné à fa Maîtreffe ; il croyoit avoir plus d'une raifon d'être fatisfait de ce préfent. La propofition de Laïs l'avoit jetté dans un embarras inconceva- ble : elle vouloit être fa femme, & il en avoit une à Cirène, belle, jeune, & vertueufe. Il l'avoit épou- fée par amour ; il venoit de fentir dans cette occa- fion une révolution favorable pour elle. L'afcendant que Laïs avoit fur tous les cœurs avoit rendu le fien infidèle : l'attachement qu'elle avoit pris pour lui, & fon dévouement abfolu, avoient achevé de le conduire dans les égaremens dont il commençoit à fe repentir. L'étrange idée d'un mariage avec une telle femme l'avoit révolté : il avoit paru rêveur. Quel moyen cependant de fe fouftraire à fes em- preffemens ? Il lui étoit échappé une efpèce de con- fentement qu'il n'avoit ni la volonté, ni le pouvoir d'effectuer. Il pensa que le portrait de Laïs le sauveroit du parjure par le moyen de la direction d'intention : ce fut un grand soulagement pour lui ; il ne feignit plus de lui promettre positivement de l'emmener à Cirène au retour des jeux Olympiques : & pour tenir exactement sa parole il garda soigneusement ce portrait.

Laïs triomphoit dans son ame de l'effet qu'il avoit produit. Daigne , Vénus , dit-elle à Eubates d'un air gracieux & emporté ; daigne Vénus , vous ramener tel que je vous perds. Je ne lui ferai des vœux que pour vous. Pendant une absence qui me désespère , souvenez-vous de votre Laïs... Elle alloit continuer lorsque Diogène sortant du lieu où il s'étoit caché , d'où il avoit tout entendu , lui dit en riant : Tu veux donc te marier , ô Laïs ! & déposer entre les mains d'un seul homme des trésors répandus par tant de mains différentes ? Qui vous a rendu si hardi que de me venir écouter , interrompit-elle , avec cet air d'autorité , que les belles se piquent de prendre sur leurs amans ? Ne puis-je respirer à mon aise sans trouver des importuns ? Quoi, dit Diogène , me défends-tu l'air que tu respire , & crois-tu qu'un homme qui n'a pu souffrir que le plus grand Conquérant

quérant du monde lui cachât un moment son so-
leil, se prive de la promenade pour ne pas interrompre les amours de Laïs? Ce fut là où cette belle
s'emporta ouvertement contre le Philosophe. Tâche,
tâche à acquérir du phlegme, reprit-il, je prévois
que tu en auras besoin. Ce jeune homme pour qui
tu méprise toute la terre, me vengera bientôt de
tes injures.

Peut-être Diogène ne parloit ainsi, que sur la
règle générale qui ne permet point d'éternels amours;
peut-être aussi sa pénétration, aidée des divers mouvemens qui avoient paru sur le visage d'Eubates,
avoit été plus loin. Quoi qu'il en soit, Laïs trouva
ce jour-là Diogène de fort mauvaise compagnie, &
comme elle lui disoit des choses très-piquantes:
Cesse de te travailler, lui dit-il, à chercher des ter-
mes propres à m'offenser comme cinique; tes coups
portent à faux, & je ne suis plus dans tes chaînes,
puisque tu as délivré tous tes captifs.

Le départ d'Eubates causoit trop de douleur à
Laïs, pour que sa dispute avec Diogène lui tînt
long-temps au cœur; elle ne lui fit pas la grace de
s'en souvenir. Il est vrai qu'il n'en fit pas de même;
il répandit dans toute la Ville que Laïs vouloit se

marier. Les couleurs dont il ornoit la peinture de son adieu avec Eubates, furent vives. Ariſtipe en fut affligé juſqu'à paſſer quelques jours en ſolitude. Chacun ſentit ce récit plus ou moins, ſelon les divers degrés d'amour qu'il avoit. Cependant Laïs pouſſoit des ſoupirs, verſoit des larmes, invoquoit Vénus pour le bel Eubates, tandis qu'il combattoit aux jeux Olympiques. Il en remporta le prix, & revit ſa patrie & ſa femme victorieux & repentant. Ce même portrait dont j'ai parlé, ſatisfit ſon imagination & ſa vanité. Il crut avoir rempli ſa promeſſe, puiſqu'il avoit conduit l'image de Laïs à Cirène, & il la montra à ſa jeune épouſe comme une preuve des folles amours de l'original, en lui ſupprimant la part qu'il y avoit. Plus elle trouvoit de charmes dans la peinture, plus elle admiroit une continence dont elle le crut doué ſur ſa parole, & confiante par de-là toute borne, elle fit ériger une ſtatue pour monument éternel à ſa gloire, pour ſervir à jamais d'exemple aux maris abſens.

C'eſt ce trait de débonnaireté qui a dupé pluſieurs Hiſtoriens, en leur perſuadant une choſe dont les mieux informés ont percé la vérité. Quand l'aſſemblée des jeux Olympiques fut diſſipée, & que Laïs ne vit point revenir Eubates, elle s'abandonna à la plus funeste douleur. La mesure de son amour fut celle de son désespoir. Elle avoit tout quitté pour lui. Elle avoit résolu de renoncer pour jamais aux conquêtes, afin de lui prouver son attachement. L'ingrat l'oublioit pour jamais ; il la laissoit en proie à de longs ennuis. Qu'alloit-elle devenir ? Elle n'envisageoit qu'un avenir plein de repentir & de langueurs.

Après avoir pleuré plus que suffisamment pour une femme comme elle, il sortit, des diverses réflexions qu'elle fit après ses premiers mouvemens, un nouveau desir de se venger en lui donnant plus de successeurs qu'il n'avoit eu de prédécesseurs. Elle y réussit parfaitement. On n'attendoit que le moment heureux de rentrer chez elle pour se rattacher à son char. Plus d'amans que jamais, plus de fêtes, plus de présens. Le métier de Courtisane s'exerçant alors comme un autre métier, celle qui y faisoit les plus grands progrès en tiroit sa gloire. Laïs fut une de celles qui poussa plus loin ce bifarre honneur. On croyoit la recevoir du Ciel une seconde fois. Il n'y eut pas jusqu'à Diogène qui reparut sur les rangs aux dépens de quelques traits qu'elle en effuya. Enfin les louanges, véritable anti-dote du chagrin des femmes, & le tumulte de fa Cour, firent oublier à Laïs un homme, à fon avis indigne de fon fouvenir, & fa beauté ne fut jamais fi parfaite, quoiqu'elle ne fût plus dans cette fleur de jeuneffe qui frappe d'ordinaire les grands coups.

Ce fut en ce temps-là que Miron, célèbre Sculp-teur, fe préfenta chez elle fans oublier d'offrir la rétribution ordinaire : il avoit les cheveux tous blancs. La délicate Laïs le rebuta, & lui en fit connoître le motif. Il ne voulut pas demeurer court pour une nuance de plus ou de moins ; il fe fit peindre les cheveux & la barbe avec beaucoup d'art, & re-tourna fièrement la voir, mais elle ne s'y méprit point. Va, va, lui dit-elle, tu me demandes une chofe que je refufai ces jours paffés à ton père. Je ne fais pourquoi on a tant vanté cette répartie, il me paroît que la plaifanterie eft fauffe ; en rétorquant l'argument, on y trouvoit mieux fon compte ; mais cela eft confacré par l'antiquité ; une Hiftoire fidèle ne peut l'obmettre. Voici une autre avanture qui doit tenir fa place parmi celles de notre Héroïne.

Xénocrate, Philofophe ftoïcien, qui ajoutoit à la févérite des loix du portique, tout ce qu'une humeur

auftère peut faire inventer pour renoncer aux
plaifirs même les plus innocens, ayant un jour fait
le fujet de la converfation chez Laïs, elle fe vanta
de s'en faire aimer, fi elle vouloit l'entreprendre.
Tous fes amans, ou par adulation, ou par prévention, ne voulurent pas douter un moment de fon
pouvoir; mais une de fes amies, préfente à ce difcours, prit la liberté de lui remontrer quel homme
c'étoit que Xénocrate. Il eft vrai, dit Laïs, auffi ne
lui oppoferai-je pas de foibles armes. Elle fe regardoit dans un miroir en parlant ainfi, & fe trouvant
pour le moins auffi belle qu'elle étoit, elle pouffa
la conteftation jufqu'à une gageure : l'argent fut
dépofé en main tierce, on fe remit à la bonne foi
de Laïs de la vérité de l'avanture, elle avoit apparemment de la probité; c'eft une vertu qui n'eft pas
toujours incompatible avec un peu de vice.

Pour mettre promptement la main à ce grand œuvre, elle monta dès ce même foir dans fon chariot, elle en defcendit à un coin de rue affez pro-
che de la maifon de Xénocrate, & alla feule frapper
à fa porte, feignant un accident qui la mettoit
dans la néceffité abfolue de paffer la nuit chez lui.
Peut-être n'avoit-il jamais vu Laïs; fa furprife ne fut

pas médiocre, de voir à une telle heure une si belle femme & si bien parée ; cependant si ce Philosophe n'étoit pas galant, il étoit hospitalier. Sa maison étoit petite ; il n'avoit que son lit, il en offrit la moitié à Laïs, comme il l'auroit offert au plus vilain homme du monde. Elle l'accepta, toute surprise d'un procédé si uni. Il dormit la nuit entière fort tranquillement, sans y entendre d'autre finesse. Tant de sagesse impatienta notre avanturière ; elle se leva de fort grand matin, aussi piquée de cette indifférence, que si Xénocrate eût été fort aimable ; tant l'amour-propre fait penser bisarrement. Elle avoua de bonne foi ce qui lui étoit arrivé ; mais, ajouta-t-elle, avec un violent dépit, je croyois trouver un stoïcien, & non pas une statue. La gageure fut toutefois payée, & cette légère mortification fut bientôt suivie d'une petite victoire dans un autre sens, qu'il faut aussi apprendre au Lecteur.

Euripide, dont chacun connoît ou les Ouvrages ou le nom, loin d'être tombé dans les filets de Laïs, se faisoit un point de vertu d'en parler avec mépris & indignation. Elle le trouva un jour la plume à la main dans un jardin où elle alloit souvent se promener. Au lieu d'éviter un si redoutable Cenfeur, elle s'avança vers lui, & lui demanda l'explication de certains vers dans lefquels il peignoit une perfonne dont les actions bleffoient la bienféance & l'honnêteté. Le Poete indigné de fa hardieffe, ou fâché d'être interrompu, lui dit : C'eft toi-même que je peins, ô Laïs, dans ce morceau de Poéfie, dont tu me parles. A ces mots, avec une vivacité merveilleufe, elle lui cita deux autres vers, où il avançoit témérairement qu'une action n'eft mauvaife que quand on la croit telle : ainfi, ajouta Laïs, je ne fuis pas criminelle, puifque je ne crois point l'être ; & toi, Euripide, malgré ces mœurs dont tu te piques, tu fouffles le froid & le chaud. Elle rioit de la meilleure grace du monde en parlant ainfi. Euripide fe mit en colère ; c'eft une paffion qui donne quelquefois de l'éloquence, & caufe fouvent de l'embarras & de l'obfcurité : notre grand Tragique fe trouva dans ce dernier cas ; il ne dit que des injures mal arrangées, tandis que Laïs qui avoit confervé le fang froid, lui répondit des chofes piquantes, qui achevèrent de le mettre hors de mefure, & le firent fortir vaincu d'une forte de combat, où peu d'athletes néanmoins le furpaffoient d'ordinaire. Les flatteurs de Laïs élevèrent bien haut ce triomphe, & l'ont fait paſſer à la poſtérité, tel que je le rends ici.

Laïs étoit regardée de tous les voluptueux avec une eſpèce de vénération. Un jeune Theſſalien, curieux de choſes rares, partit exprès de ſon pays pour l'aller voir à Corinthe. Ce fut à un ſpectacle qu'il la vit la première fois : elle n'étoit plus jeune ; il en demeura toutefois enchanté. Comme il étoit lui-même, beau & de bonne mine, elle le démêla facilement. Il la vit le lendemain chez elle, & pour la ſeconde fois l'amour la favoriſa d'une paſſion tendre & délicate, qui faiſoit toute ſon occupation & tout ſon bonheur. Pauſanias, de ſon côté (c'eſt ainſi que ſe nommoit le Theſſalien, ſelon Athenée,) prit autant d'amour qu'il en falloit pour paſſer des jours heureux avec Laïs. Elle garda d'abord un peu plus de meſure avec celui-ci qu'avec Eubates, ſoit que la première paſſion ſoit toujours la plus violente, ou que quelques réflexions ſur ſon âge lui fiſſent craindre la preſcription, ſi on s'accoutumoit à ne la plus voir ; ſa tendreſſe l'emporta pourtant à la fin, elle ſe défit poliment de cette foule qui n'étoit point diminuée, & pour n'être pas ſi ſouvent à portée des railleries de Diogène, elle

acheta

acheta une jolie maifon à plufieurs ftades de la Ville, où elle paffoit des jours filés d'or & de foie avec fon nouveau favori. Que leurs entretiens avoient de feu ! l'efprit fe joignoit à leurs tranfports ; c'eft un grand moyen d'éviter cette fatiété & cet ennui que caufe un long tête-à-tête.

Paufanias juroit à Laïs de l'aimer éternellement, & d'abandonner fa patrie pour ne la quitter jamais. Laïs atteftoit Vénus qu'autre que Paufanias ne la poffféderoit de fa vie : ils étoient alors de bonne foi. Si la fuite les rendit parjures, (c'eft un crime trop ordinaire aux amans pour s'en étonner) l'adroite Laïs avoit orné fa maifon de meubles galans & magnifiques. Outre des Livres, elle avoit des oifeaux & des efclaves qui chantoient comme Phimelle : ces femmes étoient employées à les divertir pendant leur repas, fuivant l'ufage de ce temps-là. C'étoit un perpétuel enchantement ; auffi Paufanias affuroit-il, que les jours lui paroiffoient des inftans dans ce féjour de délices ; mais tout paffe, & le deftin voulut fe fervir du miniftère d'Appelles pour défunir ces deux perfonnes qui fe trouvoient fi bien de leur amour.

Ce grand homme eut des affaires à Corinthe : l'an-

D

cien droit qu'il avoit fur Laïs, la lui fit rechercher avec affez d'empreffement. On lui dit chez elle, qu'elle étoit à la campagne; il s'informa du chemin qu'il falloit tenir pour y aller, & fe rendit à fa jolie maifon avec confiance. La réception ne fut pas fi bonne qu'il avoit lieu d'efpérer; fa vue rappella à l'imagination de Laïs le nombre d'années qui compofoient fon âge, & qu'elle oublioit volontiers. Cette raifon & l'attachement prodigieux qu'elle avoit pour Paufanias qui lui faifoit fouffrir impatiemment toutes diftractions, répandit une froideur fur fon vifage & dans fes difcours, dont Appelles s'apperçut & dont il fe fentit très-piqué; mais auffi poli que bien fait, & auffi fpirituel que galant, il feignit de n'y prendre pas garde, & s'établit pour quelques jours dans un lieu où il n'étoit pas trop fâché d'incommoder, bien réfolu de fe venger d'une façon ingénieufe du peu d'égards qu'on avoit pour lui. Dans ce deffein, il lui propofa de la peindre; elle crut ne pouvoir mieux mettre à profit un temps qu'elle regardoit comme perdu. Il travailla de cette favante main qui repréfentoit jufqu'aux mœurs : on fait ce que l'Antiquité a publié de fon tableau de la Calomnie. Il ne chargea point le portrait de Laïs;

mais la faifant voir telle qu’elle étoit alors, il fe garda bien d’y ajouter de ces traits délicats dont les femmes fe laiffent duper : c’étoit d’ailleurs un ouvrage parfait, tant pour le coloris que pour le deffin qui ne pouvoit être plus galant ; car en affectant de ne point embellir Laïs, il ne négligea aucun des autres ornemens agréables, qui font un tableau d’un portrait. Quand il fut achevé, Appelles le plaça malicieufement près d’un autre portrait de Laïs, qu’il avoit fait dans fa première jeuneffe, & qui paroiffoit alors celui de fa fille. Elle n’eut pas plutôt jetté les yeux deffus, que les détournant avec chagrin : Ah ! Appelles, qu’il eft dangereux de vous offenfer, s’écria-t-elle ! Qu’ai-je fait, lui dit-il en fouriant ? Vous avez, reprit-elle, une cruelle main : il s’en faut bien que mon miroir me reproche ce que vous me montrez avec tant d’art. Ne vous ai-je pas fait reffembler, repartit-il ? Eh c’eft ce qui me tue, dit-elle. Pourquoi veniez-vous ici ? Fatal voyage ! Qu’il me coûtera cher ! Appelles avoit une malignité fur le vifage, pendant cette conteftation, qui défefpéroit Laïs : elle n’ofoit regarder Paufanias, témoin d’une fcène fi fingulière. Vous avez tort de vous tourmenter ainfi, reprit Appelles, vous n’étiez qu'un enfant quand je vous peignis la première fois , votre beauté eſt maintenant formée. En parlant ainſi , comme il n'avoit plus rien à faire chez Laïs , il prit congé d'elle , & depuis ne la revit plus.

Ce n'étoit pas ſans raiſon que Laïs étoit fort affligéc. Pauſanias avoit une paſſion dans le cœur pour une belle fille de Theſſalie qu'il alloit épouſer , quand une curioſité de jeune homme le fit aller à Corinthe. On ne voyoit point Laïs impunément ; il en devint amoureux , ſans préjudice de ſon autre Maîtreſſe , qui fut toutefois oubliée tant qu'il crut Laïs la plus belle femme du monde ; mais par une bizarrerie , qui étoit pourtant un peu fondée , la malice d'Appelles fit ſon effet : il compta combien il y avoit de diſtance du premier portrait à l'autre ; il ſentit que les graces acquiſes qui ſe pouſſent plus loin que la jeuneſſe , ſoutenoient ſeules ſes charmes , & que l'art avoit ſuccédé à la nature , ou du moins aidoit à la réparer. Honteux & froid , il ne ſut que lui répondre , quand elle voulut le ſonder ſur ce qui venoit d'arriver , il s'embarraſſa ſans s'expliquer. Elle frémit de cette avanture , & paſſa dans ſa chambre où elle ſe coucha pour pleurer tout à ſon aiſe. Comme elle ne dormit point du tout, elle fit venir ſes femmes fort matin ; elle demanda Pauſanias : mais, Dieux ! que devint-elle, quand elle apprit qu'il avoit devancé l'Aurore, & qu'étant monté à cheval, il avoit pris le galop vers la Ville. Elle ne s'étoit pas défiée d'un ſi prompt départ. A peine eut-elle le temps de s'habiller & de faire atteler un chariot ; elle vola après ſon fugitif : tant de diligence ne lui ſervit de rien ; il avoit appréhendé ſes cris & ſes reproches ; & ſans s'embarraſſer de ſes Domeſtiques, il n'eut rien de plus preſſé que d'aller dans ſa patrie avouer ſon crime, ou le colorer, à celle contre qui il avoit été commis.

Quel coup de foudre pour une femme qui aime autant ſa beauté que ſon amant, & qui ne perd l'un, que parce qu'elle ne poſſède plus l'autre ! Ce n'eſt pas que Laïs n'eût pû plaire : le goût qu'on avoit pour elle n'étoit pas paſſé ; mais le temps s'avançoit ; il n'y en avoit guère à perdre ; cependant elle abandonna des conquêtes ſûres, pour une eſpérance fort incertaine. Elle ne ſongea qu'à mettre promptement ſur pied un équipage ſuperbe, pour paſſer en Theſſalie. Il n'y eut ouvrier fameux qui ne fût employé à la ſomptuoſité de ſes vêtemens :

étoffes précieufes , pierreries , perles , broderie , rien
ne fut oublié. Tout étant prêt , elle fe mit en marche
à petites journées pour ne fe pas fatiguer , quoique
fon impatience fût extrême ; & quand elle fut arri-
vée , elle donna encore quelques jours à la répara-
tion des défordres que fa douleur avoit faits fur fon
vifage. Son premier foin fut pourtant de s’enquérir de
Paufanias. Elle fut qu’il alloit fouvent à un Temple
de Vénus , fur les bords du fleuve Pénée. L’en-
droit lui parut d’un heureux augure : elle inventa
mille nouveaux ornemens pour briller aux yeux de
fon léger amant. Ses femmes , les plus adroites de ce
temps-là , eurent bien de la peine à la mettre au
point où elle fe defiroit pour un fi grand coup de
partie. Enfin , pompeufe & brillante , elle monte
dans fon chariot avec quelques femmes , & fe fait
accompagner par une foule d’efclaves bien vêtus.
On ne venoit que d’ouvrir le Temple ; elle fe plaça
avantageufement pour être vue. A peine avoit-elle
commencé fes dévotions , qu’elle vit entrer Paufanias plus aimable qu’elle ne l’avoit jamais vu. Son
cœur s’émeut d’une douce joie à cette vue , mais
une fâcheufe circonftance l’empoifonna. Il donnoit
la main à une jeune perfonne , à qui il parloit avec

un plaifir & une application qui fembloit ne lui laiffer
d'autre pouvoir que celui de la regarder. Ils paffèrent
en effet l'un & l'autre fans appercevoir Laïs ; elle
en penfa mourir de douleur. Déeffe ! s'écria-t-elle
en s'adreffant à Vénus, d'une voix éclatante, fi
mes facrifices t'ont quelquefois été agréables ; fi ton
fils & toi font les Divinités que j'ai le plus religieu-
fement adorés : Venge-moi, belle Vénus, d'un ingrat qui me défefpère, & s'il ne m'eft pas poffible
de rentrer dans fon cœur, ne permets pas qu'une
autre y rempliffe ma place.

Une prière fi extraordinaire caufa de la diftraction
à Paufanias & à fa Maîtreffe. Le premier reconnut
Laïs avec étonnement, l'autre pâlit de crainte de fe
trouver une rivale fi redoutable : car elle ne douta
point de la part qu'elle avoit à cette avanture ; cependant la Déeffe avoit apparemment quelque chofe
de plus preffé à faire que d'exaucer les vœux de
Laïs, ou les intérêts des jeunes amans la touchoient
davantage ; car Laïs remarqua, non fans affliction
inconcevable, que Paufanias fourioit en la regar-
dant ; & s'il eut le plaifir de pénétrer l'inquiétude
de fa rivale, elle eut le mortel chagrin de voir
qu'il la raffuroit d'une façon à lui faire perdre pa-

tience. Elle fortit enfin à demie évanouie , & ne pouvant plus foutenir fa défaite. Elle ne fut pas fi-tôt rentrée dans la maifon où elle demeuroit, qu'elle écrivit vingt lettres de fuite à Paufanias, fans jamais en trouver une qui lui peignît affez vivement ce qu'il lui faifoit fouffrir : elle lui en envoya pourtant une à la fin, à quoi il ne fit point de réponfe. C'étoit une chofe fi nouvelle pour elle de fe voir traiter ainfi, qu'elle auroit cru faire un mauvais fonge, fi fes tourmens n'avoient été trop réels. L'orgueil eut beau agir, il fallut encore écrire & demander une heure de converfation. Paufanias, pour réparer l'infidélité qu'il avoit faite à celle qu'il alloit époufer, lui communiqua cette lettre. Tant de fincérité la toucha : elle lui confeilla de voir Laïs, pour ne pas renoncer abfolument à la politeffe. Le rendez-vous fut donné dans un bocage arrofé de petits ruiffeaux. Le lieu étoit tout propre à un entretien d'amour. Laïs y arriva dans une négligence qui avoit quelque chofe de fi galant, que Paufanias fut prêt de lui faire quelque coquetterie; mais ayant fait réflexion à fes engagemens, & ne voulant pas renouer avec elle, il lui avoua qu'il aimoit cette belle fille avant qu'il fût à Corinthe,

qu'il

qu'il en étoit aimé, & que leurs parens avoient suivi leurs inclinations, en les accordant enfemble. Prêt à me lier pour le reſte de ma vie, continua-t-il, je voulus auparavant vous voir, cela ne fe put faire fans vous aimer. En vain l'idée de ma Maîtreſſe me venoit arracher quelques retours. Je vous aimerois peut-être encore fans Appelles, mais depuis qu'il m'eut ouvert les yeux, je ne fongeai plus qu'à venir la retrouver, à lui avouer mon crime, à lui en demander pardon, & à mourir à fes pieds, ſi je ne l'avois pu obtenir.

Infidèle, lui dit Laïs ! ofes-tu bien me parler ainſi ? Ne te fouviens-tu plus de ces momens heureux, où tu me jurois une ardeur éternelle ? Tu me trouvois alors aſſez belle pour goûter fans remords le charmant plaifir d'aimer & d'être aimé ? N'avois-tu pas des yeux ? Te falloit-il ceux d'un autre, pour juger ſi j'étois digne de t'arrêter ? La défolée Laïs continua long-temps fes plaintes : Paufanias s'étoit armé de patience, comme de fermeté. Il foutint fans émotion les tendres agitations d'une femme amoureufe & abandonnée. Tantôt la colère allumoit les regards de Laïs, tantôt la douleur répandoit une mortelle pâleur fur fes joues ; elle brûloit, elle frémiſſoit ; une fueur froide lui cauſoit un tremblement univerſel ; peu après une chaleur conſumante, lui donne une vivacité nouvelle : enfin, elle vérifia en ſa perſonne la peinture admirable, que la célèbre Sappho nous a laiſſée, des divers mouvemens de l'amour, & qu'on ne peut bien repréſenter, ſi on ne les ſent auſſi vivement que cette ſavante Lesbienne les ſentoit. Ce fut de la paſſion perdue, l'air emportoit les ſoupirs & les paroles de Laïs. Pauſanias, ou n'en fut point touché, ou pour ſe délivrer des perſécutions qu'attire un peu d'eſpérance, il prit ſur lui de ne le point paroître : il courut même chez ſa Maîtreſſe, lui jurer qu'il avoit paſſé les plus fâcheux momens de ſa vie, auprès d'une femme qui ne pouvoit plus attirer que ſon mépris, & il l'épouſa peu de jours après. Ce fut le comble des malheurs de Laïs ; tous les objets lui devinrent funeſtes, & ſa douleur fut ſi cruelle & ſi longue, que ſi on peut parler ainſi, les reſtes de ſa beauté furent enſevelis ſous ſes larmes. Le temps toutefois en tarit la ſource. Une femme comme elle ne renonce pas ainſi aux plaiſirs pour toute ſa vie : il n'y a qu'un véritable retour vers le Ciel, qui puiſſe opérer de ces grands miracles ; les ténèbres du paganiſme ne les permettoient pas encore de ſon temps.

On n'a jamais bien compris pourquoi elle s'étoit établie en Theſſalie, après l'outrage qu'elle y avoit reçu. Il eſt pourtant vraiſemblable qu'elle ne voulut pas aller montrer ſa honte à Corinthe, où elle étoit encore idolâtrée quand elle en partit. Quoi qu'il en ſoit, elle ouvrit ſa maiſon, & par ſon enchantement ordinaire, elle ſe vit une Cour, ſi non auſſi illuſtre, du moins auſſi nombreuſe que jamais. L'antiquité nous apprend qu'elle reçut même le culte du vulgaire, plutôt que de ne pas multiplier ſes conquêtes.

Laïs, la ſuperbe Laïs, qui avoit diſpoſé à ſon gré des plus grands cœurs, ſe voit réduite à l'encens peu délicat d'une multitude groſſière. Ce fut le fort, pour ainſi dire, de ſa feconde beauté. Il y a apparence qu'ayant un goût eſquis, cultivé par les plus beaux eſprits de la Grèce, & un orgueil nourri par leurs louanges, elle ſentit avec dépit cet aviliſſement, & on peut conjecturer qu'elle ne s'y livra que pour s'étourdir, & détourner des réflexions triſtes & importunes.

C'eſt une fâcheuſe choſe que la vieilleſſe : ſi elle n'arrivoit pas inſenſiblement , & que de la plus brillante jeuneſſe on paſſât tout d'un coup à la décrépitude , il n'y a guère de femme qui ne fît quelque acte de déſeſpoir ; mais on ſe flatte , on ſe croit voir aujourd'hui comme on étoit hier , mille autres font le même chemin ; on ne regarde point derrière ſoi , les jours ſe ſuccèdent & s'écoulent ; il en vient pourtant un où il faudroit ſonner la retraite ; ce jour fatal eſt toujours marqué par la déſertion de quelque amant : c'eſt préciſément le cas où étoit Laïs , quand elle entreprit de ſuivre Pauſanias , & cette nouvelle foule d'indignes ſoupirans en affermit bientôt la preuve. Il lui en échappoit aujourd'hui une troupe , demain une autre ; enfin le champ demeura vuide ; elle le ſouffrit avec la rage qu'on ſe peut imaginer ; tous les hommes lui parurent alors des ingrats. Qu'elle fit d'imprécations contre l'amour ! non qu'elle n'y fût encore ſoumiſe par ſon inclination , mais il l'abandonnoit dans un temps , où elle avoit le plus beſoin de ſon ſecours. Elle s'en prenoit à tout : ſes femmes n'étoient plus ingénieuſes à la parer , ſes eſclaves la ſervoient mal , ſon miroir lui reprochoit des années à quoi ſon cœur ne pouvoit confentir. Ce fut cet importun témoin de fes attraits, qui fut le plus maltraité ; elle les profcrivit tous impitoyablement, on n'en vit plus depuis chez elle , & dans le refte de fa vie , au remarqua qu'elle ne s'étoit jamais regardée dans oncuns.

Après avoir folemnifé fon dépit de la façon du monde la plus terrible , elle fe détermina tout d'un coup à attirer la compagnie chez elle par d'autres voies : fon efprit la fervit bien dans cette occafion ; fon entretien avoit un charme inexplicable. Elle dépofa l'étendard de la galanterie entre les mains de plufieurs jeunes perfonnes dont elle s'étoit fait aimer par fa douceur & par fa complaifance. Au commencement on n'avoit deffein que de profiter de fon exemple pour fe rendre aimable dans la converfation , mais on apprit plus qu'on n'avoit eu deffein d'apprendre. Les infinuations de Laïs , foutenues des empreffemens des hommes les mieux faits de Theffalie , opérèrent du moins autant fur les mœurs que fur les efprits. Voilà fur quoi quelques Auteurs fe font un peu trop égayés : les peintures qu'ils font de ce nouvel art de Laïs , ne font pas propres à paroître dans une Hiftoire qu'on a tâché de rendre auſſi pure que la matière l'a permis. Enfin ſi Laïs n'avoit ſouhaité que des tréſors, des amis, & des louanges, elle auroit eu lieu d'être ſatisfaite. Les ſervices qu'elle rendoit alors, obligeoient beaucoup de ſortes de perſonnes ; toutes à l'envi, l'accabloient de ſoins & de richeſſes. On dit que la jeune épouſe de Pauſanias n'échappa pas des filets qu'elle avoit tendus, & que cette vengeance la dédommagea d'une partie de ſon chagrin ; cependant elle gémiſſoit au fond de ſon cœur du peu de part effective qu'elle avoit aux viſites qu'on s'empreſſoit de lui rendre. Que Diogène n'étoit-il là, pour répandre ſon fel ſur de tels égaremens !

Nous voici enfin arrivés à la cataſtrophe. Laïs étoit fort vieille & n'en étoit pas moins recherchée pour les raiſons qu'on vient d'expliquer ſuccinctement, lors qu'étant allée s'acquitter d'un vœu dans ce même Temple de Vénus, bâti ſur le délicieux Pénée, où elle avoit vu Pauſanias, elle fut attaquée par une troupe de femmes qui l'accablèrent d'injures. L'une outrée dès long-temps d'un amant enlevé, l'autre indignée de la ſéduction de ſa fille ; celle-ci ſeulement parce qu'elle avoit été belle, toutes enſemble s'animèrent de telle ſorte, que ſe ſaiſiſſant des bancs

& des chaifes qui fe trouvèrent dans le Temple, elles l'étouffèrent deffous comme des Bacchantes infenfées, & lui firent rendre les derniers foupirs aux pieds de ces mêmes autels où elle avoit fi bien & fi long-temps facrifié.

Tous les Auteurs ne s'accordent pas fur le genre de fa mort. Quelques-uns la font expirer d'une manière conforme aux défordres de fa vie, quelques autres, comme Anacréon, par un grain de raifin qui l'étrangla ; mais j'ai cru devoir fuivre l'opinion la plus reçue, puifque Plutarque & Athenée qui me la fourniffent, font mes garans. Le premier ajoute qu'on nomma depuis ce Temple, Vénus homicide, & l'autre, celui de Vénus prophanée.

La même raifon qui avoit animé les femmes anciennes contre Laïs, excita la jeuneffe Theffalienne à la venger. On menaça hautement de punir une fi horrible fureur. La pefte qui furvint peu de jours après cette fanglante tragédie, fut regardée par ces peuples aveuglés, comme une punition vifible du Ciel contre fes auteurs. On réfolut, pour expier le crime, d'élever un Temple fous le titre de Vénus expiatrice ; auffi-tôt cela fut exécuté. Le hafard voulut que la pefte ceffât, & ce fut une confirmation de leurs fuperftitieufes erreurs. Enfin le fort de Laïs devint glorieux après fa mort ; on lui bâtit un magnifique tombeau fur les bords du fleuve Pénée , avec une épitaphe remplie d'éloges & de traits d'efprit. Corinthe ne manqua point à fe fignaler en fa faveur par un maufolée qui lui fut érigé dans le fauxbourg nommé Cranion. Toute la Grèce prit part à fa perte. Il fembloit que les amours fuffent enfevelis avec elle. C'eft ainfi que les vices triomphoient dans une religion dont toutes les divinités en avoient plus que de vertus , & que des peuples d'ailleurs fi éclairés , fe rendoient efclaves des malheureux préjugés de leur enfance.

RÉFLEXIONS

RÉFLEXIONS

QUI NE PAROITRONT PAS HORS D'ŒUVRE,
SUR LES FEMMES EN GÉNÉRAL.

Quelque ufage & quelque connoiſſance qu'on ait des femmes, on ne doit point trop s'aſſurer de les bien connoître : elles ſont toutes impénétrables, & l'on découvre tous les jours des replis dans leurs cœurs, qui cachent des ſentimens dont on n'auroit jamais pu ſe douter.

Leur occupation la plus ordinaire eſt de tâcher à inſpirer de l'amour. Elles y réuſſiſſent ſouvent, & les hommes ſont toujours plus prêts à ſe laiſſer tromper, quelques exemples qu'ils ayent de l'infidélité des femmes.

Les Orientaux les traitent fort différemment de notre uſage. Elles ſont chez eux une partie de leur équipage, & de leurs biens meubles, dont ils prennent grand ſoin, & qu'ils gardent avec empreſſement pour leurs beſoins. Nous prétendons qu'il n'y a chez

F

eux à cet égard, ni douceur, ni politeffe, ni galanterie. Ils prétendent qu'il n'y a chez nous que fureur, que paffion, que fottife, & qu'extravagance. Peut-être que des Juges défintéreffés auroient de la peine à décider en notre faveur ; car fi l'on examine toutes les folies, dont une fois dans la vie tous nos plus honnêtes gens font l'épreuve fur cet article ; fi l'on fait attention à toutes les affaires cruelles, & à toutes les querelles fanglantes & meurtrières, qu'elles caufent, on trouvera que ceux qui fe font mis hors de portée de tous ces malheurs, doivent paffer pour plus fages que les autres. On trouve de la barbarie dans la fervitude où les Orientaux tiennent leurs femmes ; mais fi ce font des créatures plus cruelles & plus dangereufes, que les tigres & les lions, il n'eft pas extraordinaire de les enchaîner ; & j'ai oui dire à un habile homme, que pour être civilifées & familiarifées, elles n'étoient pas moins féroces ni moins fanguinaires.

Qui auroit dit à nos pères, que l'on verroit dans ce fiècle les femmes faire des débauches fameufes de vin & d'eau-de-vie ; défier fur cela les hommes les plus déterminés, & les vaincre même en ce ridicule combat. Qui leur auroit dit, que ces mêmes femmes joueroient dans un jour tout le revenu de leur famille pour deux ans, & que dans les tranf-ports de leur malheur, elles jureroient auffi fort & auffi hardiment que le plus infolent Dragon : Qui leur auroit dit, que ces mêmes femmes, laffées des plaifirs ordinaires que la corruption & la licence du fiècle leur a laiffé prendre fans borne & fans ména-gement, en font venues jufqu'à les trouver infipi-des, & à chercher à réveiller leurs fens émouffés par l'extravagante & horrible imitation de ce qu'on a écrit de quelques anciennes Grecques : Qui leur auroit dit, que bien loin de cacher au public ces effroyables fujets de leur honte, elles prendroient plaifir à les mettre au jour : Qui, dis-je, leur auroit dit, telles & femblables chofes, leur auroit dit vrai, & n'auroit pas été cru.

On ne laiffe pas d'aimer ces femmes, dont je viens de faire une fi terrible peinture ; & rien n'égale les douleurs qu'elles font fouffrir à ceux qui font mal-heureufement fous leur empire. Comme il n'y a chez elles, ni règle, ni ménagement, ni probité, ni bonne foi ; ceux dont elles font la deftinée font fujets à toutes les violences , & à toutes les agitations qui fuivent néceffairement une paffion mal reconnue.

On aime les perfonnes qu'on eftime quelquefois le moins , & rien ne me perfuade tant le peu de liberté qu'on a dans une paffion, que les petits & défectueux caractères des perfonnes que je vois les plus aimées dans le monde.

Aminte eft une petite femme brune, les yeux merveilleufement vifs, le teint fort jaunâtre & très-bafané, les dents affez blanches & bien rangées, la bouche très-grande, la gorge laide : mais en tout une affez jolie perfonne. On ne fauroit guères avoir moins d'efprit qu'elle en a , & paroître en avoir davantage. Inftruite fuperficiellement de beaucoup de chofes , elle parle de tout avec la dernière effronterie ; & les agrémens de fa perfonne font trouver excellent tout ce qu'elle dit de médiocre, & quelquefois de mauvais. Sorti depuis peu de l'obf-curité de fa province, elle s'eft trouvée , par je ne fais quel hafard, placée & établie dans le grand monde, où l'on ne croyoit pas qu'elle pût faire tout au plus que quelques légères apparitions. Une vanité fupérieure en elle à toutes chofes lui fit concevoir la réfolution de s'y foutenir à quelque prix que ce fût : Jeu, bonne chère, galanterie, équipage, elle a mis en ufage tout ce qu'elle a cru lui pouvoir fervir dans ce deffein ; & l'on peut dire qu'elle eft joyeufe fans aimer le jeu auquel elle n'a aucun attachement, qu'elle fait une bonne chère continuelle fans goût, qu'elle a des équipages très-propres & même magnifiques, fans s'y connoître & fans s'en foucier, & qu'elle eft même galante & coquette jufqu'à l'excès, fans inclination, avec une indifférence infipide. Elle n'a réellement d'autre caractère, que ceux que la vanité lui fait prendre, & qui font tous forcés en elle. On n'a jamais cependant tant été à la mode qu'elle l'eft aujourd'hui : tout ce qu'il y a de plus brillant s'attache à elle ; & les mêmes femmes, qui avoient dédaigné de la voir dans les commencemens, font plus empreffées à la chercher, qu'elle ne l'étoit autrefois à fe faire fouffrir parmi elles. Il ne faut pas chercher d'autre raifon de cette efpèce d'élévation, que la bizarrerie & le caprice de quelques jeunes gens, qui fur cet article donnent le cours & le prix aux chofes.

Corinthe eft une femme de la Ville. Elle a déja paffé trente ans, quoiqu'elle en avoue à peine vingt. Elle eft brune naturellement, jufqu'à être noire : elle a pourtant des jours où elle effaceroit le teint de la plus blanche Angloife. Sa toilette eft meublée de toutes les couleurs qu'elle peut fouhaiter, & qu'elle choifit à loifir tous les matins. Sa coquetterie eft extrême, & pas un homme de fa connoiffance n'a été exempt de fes attaques. Ce n'eft pourtant point là précifément fa folie dominante : elle a un entête-ment pour tout ce qui vient de la Cour, qui la fait tomber dans des extravagances prodigieufes. Tout ce qui eft de ce pays-là a un titre pour être adoré chez elle. Dieu fait quelle foule de fous & d'im-pertinens elle effuie fous ce prétexte. Je n'ofe pas dire quelles railleries, quelles manières, quels airs, il lui fait fupporter. C'eft la foibleffe, que rien ne peut guérir, puifque fa raifon & fon efprit naturellement fi bons n'ont pas pu en venir à bout.

Il eft peu de femmes fur l'efprit defquelles la

vanité n'agiffe plus que l'amour ; & il n'eft rien, qu'elles ne foient capables d'entreprendre, quand on a le fecret de flatter leur vanité en leur propofant d'aimer.

Les commerces de galanterie ne font pas éternels : un an ou deux font ordinairement le terme de ces fortes d'affaires ; & l'une des deux parties s'ennuie, & quitte la première. Il n'arrive jamais que toutes les deux conviennent de rompre en même-temps ; il faut donc néceffairement, ou quitter fa Maîtreffe, ou être quitté de fa Maîtreffe. La douleur qu'on fouffre en la quittant eft grande, mais elle eft fupportable ; celle qu'on fouffre quand on en eft quitté, n'eft pas même concevable. Il faut opter, & cependant perfonne n'a la force de fe réfoudre à cette douleur fupportable, pour éviter l'autre, quelque intolérable qu'on la conçoive. Les maux à venir nous touchent peu, en comparaifon des préfens : c'eft le caractère du cœur de l'homme.

La plus grande douleur d'un homme d'efprit, dans les chagrins que lui caufe une paffion amoureufe, confifte en cela même qu'il reffent des chagrins pour des fujets dont il reconnoît le ridicule, & en ce qu'il ne peut, ni les fufpendre, ni les modérer. Le cœur eft indépendant de l'efprit.

On dit que quelques anciens Romains ont pouffé la fureur dans leur amour, ou dans leur débauche, jufqu'à fe donner ce qu'on appelloit le plaifir de l'occifion. Ils ne pouvoient avoir d'autre principe dans cette cruauté énorme, que le deffein de s'affurer que qui que ce foit ne leur fuccéderoit dans la poffeffion de cette perfonne. On ne conçoit rien qui égale cette barbarie, & cette férocité eft horrible même à penfer. Mais cependant, il eft fûr que l'homme du monde le plus amoureux, quelle que foit fon affliction, à l'occafion de la mort naturelle de fa Maîtreffe, y trouvera pourtant quelque chofe qui ne lui déplaira pas, & qui le confolera en quelque manière. Il n'en découvrira pas clairement la caufe ; mais quon obferve le cœur, cette confolation n'a pas d'autre fource que celle de la cruauté de ces anciens Romains. L'amour-propre eft un étrange Maître.

Lesbie étoit amoureufe à la fureur de Cléonte, & jaloufe

jaloufe violemment de Fauftine, qui étoit logée vis-à-vis de fon Amant ; ce qui contribuoit beaucoup à augmenter fes foupçons & fa jaloufie. Cléonte fut bleffé fur le pavé fort dangereufement, & porté immédiatement après dans fa maifon. Lesbie vint apprendre de fes nouvelles à la porte ; mais avant que de demander comment il fe portoit, elle s'informa avec beaucoup de foin fi Fauftine fa voifine n'avoit point paru, & fi par le droit de voifinage elle n'étoit point entrée dans fa chambre ? Elle oublia pour quelques momens le danger preffant de fon Amant, pour foulager & fatisfaire fa jaloufie.

J'ai lu quelque part, qu'une Maîtreffe étoit un de ces bénéfices qui obligent à réfidence : l'abfence les rend fujets au dévolu ; mais il n'eft pas toujours fûr que la réfidence les en garantiffe.

Il y a deux fortes de perfonnes tout-à-fait incompatibles, & qui fe trouvent ordinairement enfemble. Un Amant jaloux, & une Maîtreffe coquette. Ils ne peuvent fe fupporter l'un l'autre : il eft cependant rare, qu'un Amant foit bien jaloux qu'à l'égard d'une coquette ; & il arrive toujours qu'une

femme eſt coquette, quand elle a un Amant jaloux.

Dorimène eſt une jeune perſonne, blanche,
blonde, belle, & d'un enjouement qui fait plaiſir
à tous ceux qui la voient. Elle a épouſé depuis
deux ans les biens immenſes d'un homme ſexagé-
naire, qu'elle a ménagé avec une adreſſe qu'on n'auroit point attendu d'elle. On ne peut pas ſe contraindre avec tant d'art : elle a affecté une douceur
pour cet époux, & elle a eu des complaiſances pour
lui, qui paroiſſoient ſi naturelles, qu'elle s'eſt rendue parfaitement maîtreſſe de ſon eſprit ; & aujourd'hui prévenu comme il eſt en faveur de ſa
femme, il ne voit & ne croit que ce qu'elle veut qu'il
voye & qu'il croye. On dit qu'elle fait profiter de
cet avantage : tous les malins donneurs d'avis ſont
frondés. Le mari ne croit que ce qui eſt avantageux
à ſa femme : c'eſt un caractère rare en incrédulité,
quoique d'ailleurs homme d'eſprit, & très-jaloux par
tempérament. La prévention aveugle tout le monde.

Morinne a tout au moins quarante ans : elle eſt
grande. Les plus beaux yeux du monde, avec une

bouche agréable, assez d'esprit, beaucoup de poli-
tesse , & plus encore d'usage du monde : d'une
naissance & d'un rang qui en impose, & qu'elle sou-
tient par des dehors merveilleux ; caressante , &
allant au-devant de ce qui peut faire plaisir aux
personnes qui sont auprès d'elle, cachant avec un
air admirable tous les ressentimens qu'elle peut con-
server contre ceux dont elle croit avoir sujet de se
plaindre ; jusques-là qu'il leur seroit difficile, à la
voir agir en leur faveur, de ne pas oublier qu'ils
l'ont offensée. Elle prend soin d'une petite famille
qui lui est restée, avec une attention & une diligence qui fait honte à toute autre , possédant mieux
que personne la science singulière de s'ennuyer ,
sans que ceux qui lui causent ces ennuis puissent
jamais s'en douter. Elle seroit parfaite, si un tempérament malheureux ne l'avoit rendue sensible &
tendre jusqu'à l'excès, pour tout ce qui s'avise de
s'empresser pour elle. Elle passe même plus avant ;
car elle a séduit ses plus proches parens, & tous ses
amis, & elle a trouvé dans tous les états de quoi
satisfaire la perversité de son naturel. Le soin, qu'elle
prenoit de cacher ses aventures , & la discrétion
respectueuse de ceux qui y avoient part, les ont

long-temps laiffé ignorer ; & il a fallu que certains éclats ayent rendu la chofe publique , pour défiller les yeux de tout le monde. Il eft rare , qu'avec une fi mauvaife conduite , on ait pu tromper fi long-temps le public , dans le lieu du monde , où , fur l'article de la conduite des femmes, on eft le moins fujet à fe tromper en leur faveur.

Sabine étoit dévote , & elle eft aujourd'hui mondaine. Lesbie étoit mondaine , & elle eft aujourd'hui dévote. La même inconftance , qui a changé en mal la première , a changé en bien la dernière ; c'eft une compenfation dans la morale. Sabine foulève tout le monde contre elle par fa conduite déréglée , d'autant plus criante qu'elle a fuccédé à beaucoup de régularité ; mais qu'elle eft charmante par fa perfonne & par fes manières ! Que Lesbie , au contraire, dont on eft obligé de louer le retour & la bonne conduite, eft peu propre à fe faire aimer, que fes difcours font fades, que fa perfonne eft infipide ! N'eft-ce point que l'une & l'autre fe font mifes aux ufages qui leur étoient les plus propres ?

Mariane , dont la beauté a fait les délices de la

plus charmante coterie du monde , & qui n'avoit paru propre qu'à badiner & à rire jufqu'à l'âge de dix-huit ans, a touché bien fenfiblement toute la Cour & toute la Ville par l'infortune où l'a plongée la plus malheureufe paffion dont on ait jamais vu d'exemple. Obligée par fon état à garder plus de mefures de bienféance, elle a aimé l'homme le moins propre à cacher une intrigue. Après quelque temps de commerce, elle a fenti augmenter fa paffion, quand celle de fon Amant a commencé à diminuer; & les refroidiffemens qu'elle remarqua en lui l'irritèrent fi fort, qu'il eft difficile d'exprimer jufqu'à quel point elle pouffa fes plaintes & fes emportemens. Ils ne finiffoient point ; & Cléante, fon Amant, occupé ailleurs, voulut les faire finir, en lui avouant de bonne foi fon dégagement. « Nous ne fommes pas éternels, lui dit-il , nos paffions ne peuvent pas être éternelles. Je vous avois promis de vous aimer toujours : je le penfois pour lors ainfi. Il n'eft plus en mon pouvoir de vous tenir parole ; & je vous trahirois, fi je vous abufois plus long-temps. On peut juger quelles faillies, & quelles violences, fuivirent cet aveu, qui fut la dernière converfation qu'il a eue avec Mariane, laquelle eſt reſtée perdue de réputation dans le monde, par l'éclat d'une intrigue qu'elle avoit ſoutenue ſans ménagement & ſans meſure ; privée de tout bien, par la prodigieuſe dépenſe qu'elle a faite dans ſa folle proſpérité, ſans appui & ſans protection ; tous ſes parens, dont elle mépriſa les avis & les remontrances, l'ayant abandonnée dès le commencement de ſon intrigue ; ſans établiſſement & ſans aucune eſpérance raiſonnable d'en jamais trouver ; & pour comble d'infélicité, conſervant toujours le ſouvenir de ſes plaiſirs paſſés, & des tendres ſentimens pour un ingrat qu'elle ne peut effacer de ſon eſprit. On dit que le Ciel, pour lui laiſſer quelque reſſource, lui donne un peu de goût pour la dévotion. Ce ſeroit un parti fort heureux, & le ſeul qui lui reſte à prendre.

Je remarquai dernièrement un jeune homme de mérite, qui ſe trouva auprès d'une Dame, ſans lui faire beaucoup de façons. Cet homme, me dit cette Dame à l'oreille, a l'air bien triſte ; il ne me plairoit pas en mille ans. Le même homme, à quelques jours de là, ſe trouvant d'une humeur plus libre &

plus enjouée, entretint gracieuſement cette Dame,
& s'attacha aſſez à elle pour lui faire eſpérer ſa con-
quête. Elle ne ceſſe de le pourſuivre, elle le trouve
le plus joli homme de France, & ne ſauroit dire
quatre mots ſans y faire entrer le nom du Cavalier.

F I N.

A V I S.

Nous aurions donné notre premiere Livraiſon à l'époque annoncée par notre Proſpectus; mais ce qui nous a retardé c'eſt le deſir de joindre à la Gravure de Marie-Thérèse celle de notre auguſte Reine, que nous donnerons à MM. nos Souſcripteurs lors de la deuxième Livraiſon, ainſi que celle de Madame la Marquiſe du Chatelet; ſujet du ſecond Numéro.